Mitología Cheroqui

Fascinantes mitos y leyendas de una tribu de nativos americanos

© Copyright 2020

Todos los derechos reservados. Ninguna parte de este libro puede ser reproducida de ninguna forma sin el permiso escrito del autor. Los revisores pueden citar breves pasajes en las reseñas.

Descargo de responsabilidad: Ninguna parte de esta publicación puede ser reproducida o transmitida de ninguna forma o por ningún medio, mecánico o electrónico, incluyendo fotocopias o grabaciones, o por ningún sistema de almacenamiento y recuperación de información, o transmitida por correo electrónico sin permiso escrito del editor.

Si bien se ha hecho todo lo posible por verificar la información proporcionada en esta publicación, ni el autor ni el editor asumen responsabilidad alguna por los errores, omisiones o interpretaciones contrarias al tema aquí tratado.

Este libro es solo para fines de entretenimiento. Las opiniones expresadas son únicamente las del autor y no deben tomarse como instrucciones u órdenes de expertos. El lector es responsable de sus propias acciones.

La adhesión a todas las leyes y regulaciones aplicables, incluyendo las leyes internacionales, federales, estatales y locales que rigen la concesión de licencias profesionales, las prácticas comerciales, la publicidad y todos los demás aspectos de la realización de negocios en los EE. UU., Canadá, Reino Unido o cualquier otra jurisdicción es responsabilidad exclusiva del comprador o del lector.

Ni el autor ni el editor asumen responsabilidad alguna en nombre del comprador o lector de estos materiales. Cualquier desaire percibido de cualquier individuo u organización es puramente involuntario.

Índice

INTRODUCCIÓN 1
POR QUÉ LA COLA DE ZARIGÜEYA ESTÁ DESNUDA 4
KANATI Y SELU 8
LOS TLANUWA Y LOS UKTENA 23
DOS HISTORIAS DE TRANSFORMACIONES DE SERPIENTES 26
LA HIJA DEL SOL 30
EL JUEGO DE PELOTA DE LOS PÁJAROS Y LOS ANIMALES 36
CÓMO LA ENFERMEDAD Y LA MEDICINA LLEGARON A SER 40
VEA MÁS LIBROS ESCRITOS POR MATT CLAYTON 44
BIBLIOGRAFÍA 45

Introducción

Los cheroqui son una tribu indígena americana cuyas tierras se encontraban originalmente en la parte sureste de lo que hoy es los Estados Unidos. Sin embargo, parece que se establecieron allí después de migrar desde tierras más al norte. La lengua cheroqui pertenece a la familia de lenguas iroquoianas y tiene su propio sistema de escritura: un silabario desarrollado a principios del siglo XIX por Sequoyah, un hombre cheroqui que trabajaba como herrero y platero. Quería crear un medio por el cual su pueblo pudiera leer y escribir en su idioma.

El primer contacto entre los cheroqui y los europeos parece haber sido la llegada de Hernando de Soto a Tennessee en 1540. En 1567, otro grupo español intentó asentarse en tierras cheroqui, pero fue rechazado. Sin embargo, los colonizadores escoceses, irlandeses e ingleses no pudieron ser desalojados y los cheroqui comenzaron a perder sus tierras natales a manos de los colonos blancos, con consecuencias devastadoras para la tribu. Los colonos trajeron enfermedades a las que los pueblos indígenas no tenían inmunidad, y las muertes que se produjeron disminuyeron significativamente la población cheroqui. En 1835, los cheroqui fueron acorralados y obligados a marchar desde sus hogares en el sudeste de los Estados Unidos hasta el Territorio de Oklahoma, donde fueron albergados en reservas. El Sendero de Lágrimas fue un acontecimiento traumático importante para los cheroqui; no solo perdieron sus hogares y sus tierras, sino que muchas personas murieron a causa de las dificultades de la marcha, mientras que otros se quitaron la vida en lugar de permitirse seguir viviendo bajo el dominio de los colonos blancos.

En el siglo XX, la conversión del Territorio de Oklahoma en el estado de Oklahoma en 1907 condujo al desmantelamiento de gran parte de la infraestructura que los cheroqui habían construido para gobernarse a sí mismos y educar a sus hijos, incluida la pérdida de algunas tierras de la reserva a una nueva generación de colonos blancos. No fue hasta la década de 1960 que los cheroqui comenzaron a reagruparse y reorganizarse como nación, lo que culminó con la ratificación de una nueva Constitución tribal en 1975. Hoy en día, el pueblo cheroqui sigue ocupando las tierras de las reservas de Oklahoma, donde practican los métodos de alimentación y medicina indígenas y se dedican a pasatiempos tradicionales como el stickball, un juego similar al lacrosse.

En el mito cheroqui, al igual que en otras tradiciones indígenas americanas, toda la creación está viva y es capaz de comunicarse como los seres humanos y con los seres humanos que comparten su entorno. Los mitos cheroqui explican cómo el mundo llegó a ser como es, e imparten importantes lecciones sobre los valores culturales cheroqui. En la breve colección de historias que se relatan en este volumen, aprenderá por qué la zarigüeya no tiene pelo en la cola, cómo se crearon el murciélago y la ardilla voladora, y cómo la medicina y las enfermedades llegaron a afligir a los seres humanos, mientras que las desgracias y los deseos de los animales y los pájaros se convierten en expresiones de importantes valores culturales cheroqui, como la modestia en el habla, la humildad y la gratitud por la generosidad de la tierra. Al igual que los seres humanos con los que comparten su mundo, los animales y los pájaros juegan al stickball y celebran bailes, y tienen consejos en casas comunales —espacios comunales que fueron una parte importante de los asentamientos cheroqui.

Estas historias son muy antiguas, transmitidas de generación en generación por los narradores que deseaban instruir, entretener y mantener vivas sus tradiciones. Forman parte de una tradición viva; la estructura cultural de un pueblo indígena americano que ha sobrevivido a pesar de las terribles adversidades, sigue viviendo de acuerdo con sus valores tradicionales y desea crear un futuro mejor para ellos y para sus hijos.

Por qué la cola de zarigüeya está desnuda

Todo el mundo sabe que la zarigüeya tiene una cola pelada hoy en día, es larga, rosada y sin pelo. Sin embargo, no siempre fue así. Una vez, la cola de Zarigüeya estaba cubierta de un largo y lujoso pelaje, y Zarigüeya estaba muy orgullosa de ello. Zarigüeya siempre cantaba sobre lo hermosa que era su cola y la mostraba en los bailes, y todas las mañanas se sentaba fuera de su cabaña y se peinaba la cola hasta que el pelo brillaba al sol.

Conejo pronto se cansó de que Zarigüeya mostrara su fina cola.

—Esa Zarigüeya—dijo Conejo—. Siempre presumiendo de su cola, y agitándola en el aire, y peinándola donde todos puedan verla. Alguien tiene que bajarle los humos.

Conejo estaba celoso de la cola de Zarigüeya porque Conejo solo tenía una cola pequeña y rechoncha. Esto se debió a que Conejo discutió una vez con Oso, y Oso le arrancó su fina y larga cola. Todo el mundo sabía lo que le había pasado a Conejo, y no podía soportar que le recordaran la encantadora cola que había tenido antes de que Oso le pusiera las garras encima. Conejo decidió que le haría una jugarreta a Zarigüeya, una jugarreta que le impediría cantar y presumir de su cola para siempre.

Poco después de que Conejo decidiera realizar su artimaña, los animales decidieron que era el momento de hacer un gran consejo y bailar. Conejo era el mensajero, así que fue a cada uno de los animales y les dijo cuándo se celebraría el consejo y el baile.

Cuando Conejo fue a la cabaña de Zarigüeya y le contó sobre el consejo y el baile, Zarigüeya dijo—: Bueno, supongo que iré, pero solo estaré allí si tengo un asiento especial en el frente. Quiero extender mi encantadora cola para que todos puedan admirarla.

—Oh, creo que eso se puede arreglar—dijo Conejo—. Y no solo me aseguraré de que tengas el mejor asiento, sino que incluso enviaré a alguien para que te ayude a peinarte la cola para que sea la cosa más bonita que nadie haya visto nunca.

—¡Eso es espléndido!—exclamó Zarigüeya—. Seguro iré al consejo. ¡No puedo esperar a mostrar mi cola!

«Oh, vas a mostrarla de verdad» se dijo Conejo mientras saltaba fuera de la cabaña de Zarigüeya. «Pero no de la manera que crees».

A continuación, Conejo fue a la cabaña de Grillo. Invitó a Grillo al consejo y al baile, y le pidió que le ayudara con una pequeña artimaña que había planeado.

—Ciertamente iré al consejo y bailaré—dijo Grillo—. Dime lo que tienes en mente para tu jugarreta, y me encargaré de que se haga.

Conejo le dijo a Grillo lo que tenía que hacer, y luego saltó para contarle al resto de los animales lo del consejo.

Por la mañana, Grillo fue a la cabaña de Zarigüeya. Zarigüeya ya estaba sentada fuera y acababa de empezar a peinarse la cola.

—Buenos días, Zarigüeya—dijo Grillo—. ¡Vaya, qué cola tan bonita tienes! Alguien debería ayudarte a prepararla para el consejo de esta noche. Sería una lástima que no fuera absolutamente perfecta cuando todos la vean.

—Así es—dijo Zarigüeya—. ¿Estarías dispuesto a ayudar?

—¡Claro!—Grillo dijo, y entonces Zarigüeya le dio a Grillo su peine y luego se acostó y cerró los ojos para disfrutar de que otra persona le peinara la cola.

Grillo peinó la cola de Zarigüeya para que brillara más que nunca. Cuando terminó, le dijo a Zarigüeya—: Sería una pena que un poco de pelo se saliera de lugar ante el consejo. ¿Y si la ato para que quede tan perfecto como ahora? Puedes quitar los hilos cuando llegues al lugar del consejo y mostrarles a todos tu cola perfecta.

—¡Es una idea espléndida, Grillo!—dijo Zarigüeya—. Por favor, átame la cola.

Grillo consiguió un hilo fino y comenzó a envolverlo alrededor de la cola de Zarigüeya. Pero mientras lo hacía, le cortó hasta el último pelo de las raíces. Grillo lo hizo tan suavemente que Zarigüeya no se dio cuenta, y el hilo lo mantuvo todo en su lugar, así que la cola se veía como siempre, excepto que estaba envuelta en hilo.

Esa noche, Zarigüeya fue al consejo, su cola aún estaba envuelta en el hilo. Conejo la saludó y le mostró un asiento especial, tal como había prometido. Pronto llegó el momento de que Zarigüeya bailara. Se quitó el hilo de la cola, pero estaba tan concentrada en bailar lo mejor posible y mostrar su cola que no se dio cuenta de que todo el pelo caía al suelo, dejando su cola tan desnuda como se podía.

Zarigüeya entró en el centro del círculo y comenzó a bailar y cantar.

—Mi cola es la más hermosa—cantó, sin notar que todos los otros animales le gritaban porque habían visto caer todo el pelaje de su cola.

Zarigüeya cantó y bailó un poco más.

—Mi cola tiene el pelo más brillante. El pelo tiene el mejor color.

De nuevo, los animales le gritaron a Zarigüeya, pero ella aún no se dio cuenta.

—¡Miren mi cola!—Zarigüeya cantó—. ¡Es la mejor cola del mundo!

Finalmente, Zarigüeya tuvo que dejar de cantar y prestar atención a los otros animales porque ahora los animales se reían tanto de la cola desnuda de Zarigüeya que les dolían los costados.

Zarigüeya miró hacia abajo, y en lugar de una hermosa cola cubierta de suave y fino pelaje, había esta cosa desnuda sin un solo pelo. ¡Parecía la cola de un lagarto! Zarigüeya estaba asombrada y muy avergonzada. Tanto que ni siquiera pudo terminar su baile. En cambio, se tiró al suelo y se dio la vuelta sobre su espalda, con una sonrisa en su cara. Y es por eso que las zarigüeyas ahora ruedan y se hacen las muertas si son sorprendidas.

Kanati y Selu

Kanati y Selu eran marido y mujer, y vivían muy felices juntos. El nombre de Kanati significaba "Cazador Afortunado", y cada vez que salía a cazar, volvía a casa con algo bueno para comer. El nombre de Selu significaba "Maíz", y ella cultivaba muchas cosas buenas en su jardín. Selu también preparaba la carne que Kanati traía a casa. Cuando terminaba de cortarla, iba al río y lavaba la sangre de la carne en el agua corriente.

Kanati y Selu tuvieron un hijo. El niño era bastante joven y pasaba la mayor parte de sus días jugando en el bosque cerca de la casa de su familia, o a lo largo de la orilla del río. Durante varios días seguidos, Kanati y Selu oyeron a su hijo reír y hablar con alguien cerca del río. Sonaba como si estuviera jugando con otro niño, pero ninguna otra familia vivía cerca.

Finalmente, los padres del niño decidieron averiguar qué estaba pasando.

Kanati le preguntó—: ¿Con quién juegas todos los días, cerca del río?

—Oh, hay otro niño pequeño allí—dijo el niño—. Sale del río. Dice que es mi hermano mayor, pero su madre lo echó. Cuando terminamos de jugar, vuelve al río.

Cuando Kanati y Selu oyeron esto, supieron exactamente de dónde era el extraño niño. Había nacido de la sangre que Selu había arrastrado al río cuando preparó la carne que Kanati trajo a casa.

Durante los días siguientes, Kanati y Selu intentaron echar un vistazo al niño que salió del río, pero siempre se las arregló para escabullirse justo antes de que llegaran.

Kanati entonces fue a su hijo y le dijo—: La próxima vez que el chico del río venga a jugar contigo, dile que quieres luchar con él. Mientras estés luchando, envuelve tus brazos alrededor de él y sujétalo fuerte. Cuando lo tengas inmovilizado, llámame, y yo iré a ti.

Por la mañana, Kanati y el hijo de Selu bajaron al río a jugar, como siempre hacía. Kanati y Selu esperaron cerca del albergue para ver si su hijo los llamaba. Y pronto escucharon a su hijo llamando a su padre en voz alta. Kanati y Selu corrieron a la orilla del río. Allí vieron a su hijo abrazando con fuerza a otro niño, que era casi del mismo tamaño que el suyo. El otro niño estaba tratando de escapar, pero el hijo de Kanati y Selu lo abrazó rápidamente.

Cuando el niño del río vio a Selu, gritó—: ¡Déjame en paz! ¡Déjenme ir! No me querías. Me tiraste a la basura. ¡Me tiraste al río!

Kanati y Selu tomaron al extraño niño del río de la mano y lo arrastraron de vuelta a su cabaña. Como parecía que siempre quería escapar, Kanati y Selu lo mantuvieron encerrado en la cabaña.

Después de muchos días, el niño del río comenzó a calmarse y parecía dispuesto a vivir con su nueva familia. Kanati y Selu lo adoptaron como su hijo y lo llamaron Chico Salvaje. Pero aunque Chico Salvaje dejó de intentar escapar, su naturaleza seguía siendo indómita, y con frecuencia se metía en líos, ideando planes astutos y haciendo que su hermano le ayudara a llevarlos a cabo.

Un día, Chico Salvaje y su hermano se sentaron juntos en la orilla del río.

Chico Salvaje dijo—: Padre siempre trae a casa la caza todas las mañanas. Nunca vuelve a casa con las manos vacías. Pero nunca he visto un ciervo, un pavo o un conejo por aquí. Me pregunto de dónde vienen los animales.

—No lo sé—dijo el hermano de Chico Salvaje—. Nunca me lo dijo y nunca le pregunté.

—Sigámoslo mañana—dijo Chico Salvaje—. Quiero averiguar de dónde viene toda esa carne.

Por la mañana, Kanati salió a cazar como de costumbre. Los chicos fingieron no estar interesados en el lugar al que iba su padre, pero en cuanto pensaron que no se daría cuenta de que los seguía, se arrastraron por el camino detrás de él. Lo siguieron hasta que Kanati entró en un pantano.

Chico Salvaje le dijo a su hermano—: Quédate aquí. Voy a ir con Padre.

Entonces Chico Salvaje se transformó en un pajarito y se posó en el hombro de Kanati. Chico Salvaje fue hasta que Kanati se detuvo en un estanque donde crecían unos juncos. Kanati recogió algunos juncos y les fijó puntas de flecha y plumas para hacer flechas. Cuando tuvo suficientes flechas, salió del pantano.

Al borde del pantano, el viento se levantó, soplando a Chico Salvaje en su forma de pájaro del hombro de su padre.

Entonces Chico Salvaje volvió a tomar su forma humana y fue a buscar a su hermano.

—¿Qué encontraste?—preguntó el otro chico cuando Chico Salvaje llegó al lugar donde se escondía.

—No estoy seguro—dijo Chico Salvaje—. Padre tomó unas cañas y puso unas plumas en un extremo y algo puntiagudo en el otro. No sé para qué son, pero quiero averiguarlo. Vamos, sé por dónde se fue Padre. Probablemente aún podamos seguirlo si somos rápidos.

Los chicos pronto encontraron el rastro de su padre y pudieron verlo caminando firmemente por la montaña a través de los árboles.

Los chicos caminaron tan silenciosamente como pudieron y se mantuvieron fuera de la vista.

Finalmente, Kanati llegó a un lugar donde la cara de piedra de la montaña se elevaba en el cielo, y donde había muchas rocas grandes apiladas contra ella. Kanati movió una de las grandes rocas a un lado, y salió un ciervo. Kanati amarró una flecha a su arco y disparó al ciervo. Luego cerró el agujero de la montaña, puso al ciervo sobre sus hombros y se dirigió a casa.

—¡Mira eso!—dijo Chico Salvaje—. Viene aquí, deja salir un animal, lo mata y vuelve a casa. Por eso es tan buen cazador, tiene toda la caza encerrada en la montaña.

—Sí, —dijo el hermano de Chico Salvaje— pero si no llegamos a casa antes que él, sospechará, y ambos estaremos en graves problemas si se entera de que lo seguimos hoy.

—Cierto—dijo Chico Salvaje—. Huyamos. Conozco un atajo a través del bosque.

Los chicos corrieron tan rápido como pudieron y llegaron a casa momentos antes que su padre.

—¿Por qué están tan faltos de aliento?—preguntó Kanati cuando vio a los chicos jadeando frente a la cabaña.

—Oh, acabamos de hacer una carrera para ver quién podía llegar más rápido del río a casa—dijo Chico Salvaje—. Yo gané, por supuesto.

Los chicos esperaron unos días antes de volver al agujero donde estaban los animales. Esperaron a que sus padres no los vieran y siguieron el camino que su padre había tomado a través del bosque y la montaña. Encontraron la piedra que cubría el agujero y la apartaron. De repente, del agujero salieron cientos y cientos de animales y pájaros. Venados, mapaches, zarigüeyas y conejos saltaban y pasaban corriendo. Pavos, palomas, faisanes y todo tipo de aves salieron volando del agujero hacia los árboles. Los chicos cubrieron el agujero de nuevo, pero para cuando volvieron a colocar la pesada piedra en su sitio, ya era demasiado tarde. Todos los pájaros y animales se habían ido.

De vuelta al albergue, Kanati escuchó un ruido como un trueno que venía de la dirección de la montaña. Miró hacia arriba y vio grandes nubes de pájaros que volaban hacia el cielo y se dispersaban en todas direcciones. Kanati llamó a sus hijos, pero no respondieron. Entonces Kanati supo lo que había pasado: sus traviesos muchachos lo habían seguido un día y encontraron el agujero donde guardaba los pájaros y los animales. Kanati corrió al lugar donde estaba el agujero, llegando justo cuando los chicos volvían a poner la piedra sobre el agujero.

Kanati no dijo nada a los dos chicos, que estaban parados junto al agujero, con sus cabezas agachadas en señal de vergüenza. Kanati movió la piedra a un lado y se metió en el agujero. Dentro del agujero había cuatro grandes frascos, cubiertos con tapas. Kanati pateó los frascos uno por uno, y de los frascos salieron todo tipo de insectos. Pulgas, piojos, avispas, avispones y mosquitos mordedores salieron del agujero. Muchos de ellos se unieron a los chicos y comenzaron a picarlos y morderlos. Kanati no hizo nada; permitió que los chicos fueran castigados por los aguijones y las mordeduras.

Cuando pensó que ya habían sufrido bastante, Kanati ahuyentó los insectos y sentó a los chicos a hablar.

—Lo que han hecho es muy malo—dijo—. Antes de que abrieran el agujero, todo lo que tenía que hacer era subir y soltar un animal o un pájaro o dos, y entonces tendríamos mucho que comer. Pero ahora que han soltado todos los pájaros y animales, no podré volver a meterlos ahí. A partir de ahora, cuando salgamos a cazar, tendremos que ir a buscar caza, y puede que haya algunos días en los que no encontremos nada. Vuelvan a casa ahora, y traten de no meterse en problemas. Veré si puedo atrapar algo para la cena, pero eso podría no ser posible.

Los chicos se fueron a casa, sin decirse una palabra durante todo el camino de vuelta a la cabaña. Cuando llegaron, estaban muy cansados y hambrientos.

—¿Hay algo de comer, Madre?—preguntó Chico Salvaje.

—No hay carne porque Padre aún no ha vuelto de cazar—dijo Selu—. Pero tal vez pueda cocinarles otra cosa. Descansen aquí mientras voy a buscar algo de comida. —entonces Selu cogió una cesta y se fue de la cabaña.

—Me pregunto de dónde saca todo el grano, fruta y verdura que nos sirve. —Dijo Chico Salvaje—. Tal vez deberíamos seguirla y averiguarlo.

—¿No has aprendido nada?—dijo el hermano de Chico Salvaje—. Tú solo mira: Si la seguimos y vemos lo que sucede dondequiera que vaya, algo horrible sucederá, como sucedió con los animales y los pájaros. Y entonces tendremos mucha hambre.

—Tal vez pase algo, tal vez no—dijo Chico Salvaje—. No tienes que venir conmigo si estás tan asustado. Puedo descubrir las cosas yo solo.

Al final, el hermano de Chico Salvaje le acompañó porque le picó el ser llamado cobarde. Los dos chicos se arrastraron tras su madre, quien caminó por el bosque llevando la cesta vacía.

Finalmente, ella llegó a un almacén que solo tenía una puerta y ninguna ventana, y que había sido construido sobre altos zancos para que los animales no pudieran entrar. Selu subió la escalera y entró en el almacén con su cesta. Una vez dentro, los chicos la siguieron y abrieron un agujero en la arcilla que se había usado para sellar las aperturas entre los troncos que formaban el suelo del almacén.

—¡Vaya, está completamente vacío!—Chico Salvaje le susurró a su hermano.

—Es muy extraño—dijo el otro chico, que no podía ver tan bien la habitación como Chico Salvaje—. ¿Qué está haciendo ahora?

—Se está frotando la barriga. ¡Oh!

—¿Qué ha pasado?

—Cuando se frotó la barriga, la cesta se llenó hasta la mitad con maíz. Espera, ahora se está frotando las axilas. ¡Oh!—dijo Chico Salvaje.

—¿Qué pasó esta vez?

—¡La otra mitad de la canasta se llenó de frijoles!

—¿Cómo es posible?

—Creo que nuestra madre debe ser una bruja—dijo Chico Salvaje—. No debemos comer nada de esa cesta. Seguramente es venenosa.

—¿Qué vamos a hacer?

—Ahora mismo, vamos a bajar y escondernos porque Madre se está preparando para salir del almacén.

Los dos chicos bajaron la escalera y se escondieron detrás de unos arbustos. Esperaron hasta que su madre se hubiera ido y luego comenzaron a caminar a casa.

—Si nuestra madre es una bruja—dijo Chico Salvaje—deberíamos matarla. No servirá de nada tener a una bruja viviendo en nuestra cabaña.

—No, en efecto—dijo el otro chico.

Los chicos encontraron ramas pesadas para usarlas como palos y entraron en la cabaña, donde Selu les estaba esperando.

—Sé lo que están pensando—dijo ella—y no puedo impedir que lleven a cabo su plan. Pero si son sabios, seguirán mis instrucciones. Cuando me hayan matado, salgan de la cabaña y limpien un gran terreno circular. Arrastren mi cuerpo alrededor del círculo siete veces. Luego arrastren mi cuerpo siete veces por el centro del círculo. Quédense despiertos toda la noche para vigilar, y por la mañana, habrá mucho maíz para que coman.

Los chicos entonces mataron a su madre con sus palos y le cortaron la cabeza con un cuchillo afilado. Pusieron su cabeza en la parte superior de la cabaña, mirando hacia el oeste.

—Vigila a tu marido—le dijeron los chicos a la cabeza de Selu.

Luego, despejaron un espacio frente a la cabaña, pero en lugar de despejarlo completamente, solo despejaron siete pequeños parches, y es por eso que el maíz solo crece en algunas partes del mundo y no en otras. Los chicos tomaron el cuerpo de Selu y lo arrastraron por el círculo, y dondequiera que caían gotas de su sangre, brotaban jóvenes plantas de maíz. Pero los chicos no siguieron las instrucciones de su madre adecuadamente. En lugar de arrastrarla siete veces, solo la arrastraron dos veces, por lo que una cosecha de maíz debe ser trabajada dos veces, y no solo una vez. Cuando terminaron ese trabajo, los chicos se sentaron a vigilar el maíz que había brotado en el claro.

Mientras los dos chicos vigilaban el maíz, Kanati volvió a casa.

—¿Dónde está su madre?—les preguntó a los dos chicos.

—Era una bruja, así que la matamos—dijo Chico Salvaje.

—Sí. Pusimos su cabeza en la parte superior de la cabaña—dijo el hermano de Chico Salvaje.

Kanati miró a la parte superior de la cabaña, y allí vio la cabeza de su esposa muerta.

Kanati se enfadó mucho y dijo—: No puedo quedarme aquí con ustedes. No saben cómo comportarse. Me voy con la gente Lobo ahora.

Kanati empezó a salir del claro, pero antes de llegar muy lejos, Chico Salvaje se convirtió en un pequeño plumón y se posó sobre el hombro de su padre.

Kanati nunca se dio cuenta del pedazo de plumón, pero siguió caminando hasta que llegó a donde vivía la gente Lobo. Cuando llegó, se encontró con que la gente Lobo ya estaba reunida para tener un consejo.

El jefe del pueblo Lobo vio llegar a Kanati y le dijo—: Bienvenido, forastero. ¿No nos dirás por qué estás aquí?

—Estoy aquí porque mis dos hijos son gente muy mala—dijo Kanati—. Hay que hacer algo con ellos. En siete días, por favor, vayan a mi casa y jueguen a la pelota con esos chicos.

—Iremos—dijo el jefe de la gente Lobo.

Cuando Kanati escuchó la promesa del jefe, dejó el lugar de la gente Lobo. Pero no regresó a casa, sino que siguió caminando.

Cuando Kanati dijo «vayan a jugar a la pelota», lo que realmente quiso decir fue «vayan y maten a los chicos», y el jefe Lobo lo entendió. Chico Salvaje, que todavía estaba sobre el hombro de su padre en forma de plumón, escuchó todo lo que se había dicho, y entendió también lo que «vayan a jugar a la pelota» significaba.

Chico Salvaje se permitió flotar lejos del hombro de su padre y dejarse llevar por el humo del fuego del consejo. Arriba, arriba, arriba, flotó, justo a través del agujero de humo del albergue. Flotó sobre el techo del albergue y luego se posó en el suelo.

Chico Salvaje volvió a su forma humana y corrió a casa tan rápido como pudo.

—Estamos en un gran problema—le dijo Chico Salvaje a su hermano cuando finalmente llegó a casa—. Padre fue a ver a la gente Lobo y les pidió que vinieran aquí a comernos. Sé lo que tenemos que hacer para prepararnos. Ven conmigo.

Chico Salvaje y su hermano salieron de la cabaña, y corrieron alrededor de ella en un amplio círculo. Corrieron muchas veces, para hacer un sendero que permaneciera en el suelo blando. No cerraron el círculo, sino que dejaron un pequeño trozo abierto en el lado que daba hacia la dirección de donde vendría la gente Lobo. Entonces los chicos hicieron muchas flechas. Las agruparon en cuatro racimos y colocaron cada racimo a intervalos alrededor del exterior del círculo. Luego tomaron sus arcos y se escondieron detrás de algunos árboles para esperar a los Lobos.

Un par de días después, los Lobos llegaron. No vieron el rastro que los chicos habían hecho alrededor de la cabaña, pero entraron por la abertura, tal como Chico Salvaje había dicho que harían. Tan pronto como los Lobos atravesaron esa abertura, una gran valla de zarzas y ramas creció a lo largo del sendero que los chicos habían dejado en el suelo. Los chicos cogieron sus arcos y usaron las flechas que habían preparado antes para empezar a matar a los Lobos, que no podían saltar la valla porque estaba demasiado alta. Algunos de los Lobos lograron escapar por la abertura y corrieron hacia el pantano cercano.

Chico Salvaje y su hermano los siguieron, y cuando llegaron al borde del pantano, ambos corrieron en círculos a su alrededor. Dondequiera que Chico Salvaje y su hermano corrían, las llamas se elevaban a su paso. El fuego se abrió paso hasta el pantano y mató a todos los Lobos excepto a dos o tres, que lograron escapar. Se convirtieron en los antepasados de todos los lobos que hay en el mundo hoy en día.

Los chicos continuaron viviendo en la casa de sus padres, cosechando el maíz que crecía en el claro y cazando en el bosque. A veces hacían pan con el maíz, y pronto otras personas empezaron a oír hablar del maravilloso pan que hacían estos dos chicos. Un día, unos extraños vinieron a la cabaña para hablar con los chicos.

—Hemos oído hablar de su pan—dijeron los forasteros—y esperábamos que nos dieran un poco.

—Haremos algo mejor que eso—dijeron los chicos—. Aquí hay siete granos de maíz. Planten uno cada noche de camino a casa, y vigílenlos toda la noche. Por la mañana, tendrán mucho maíz que podrán usar para hacer pan ustedes mismos.

Los extraños agradecieron a los chicos y volvieron a casa, un viaje que les llevó siete días. Al final del primer día, acamparon y plantaron una de las semillas. Vigilaron la semilla, y por la mañana, siete altos tallos de maíz crecían donde se había plantado la semilla. Cosecharon el maíz y siguieron su camino. Cada noche cuando acampaban, plantaban semillas de maíz y las vigilaban, y cada mañana, crecía aún más maíz para que lo cosecharan.

El viaje de vuelta a casa fue largo y fatigoso, y después de cinco noches sin dormir, la gente estaba muy cansada. Plantaron el maíz, pero no pudieron mantener los ojos abiertos. Se durmieron, y por la mañana, descubrieron que no había crecido nada de maíz. Llevaron a casa todo el maíz que habían cosechado y mostraron a la gente cómo plantarlo y cosecharlo, pero como no habían vigilado las semillas todas las noches, ahora se necesitan muchos meses para que un cultivo crezca y madure, cuando antes solo tardaba una noche.

Para cuando los extraños vinieron a visitar a los chicos, Kanati se había ido por muchos meses y no había regresado.

—Creo que deberíamos tratar de encontrar a Padre—dijo Chico Salvaje.

—Sí—dijo su hermano—. Intentemos encontrarlo.

Chico Salvaje cogió una rueda y la hizo rodar hacia el oeste. Poco después, la rueda regresó. Chico Salvaje tomó la rueda y la hizo rodar hacia el norte y el sur, y cada vez la rueda volvió. Entonces Chico Salvaje hizo rodar la rueda hacia el este. Los chicos esperaron y esperaron, pero la rueda no volvió.

—Esa es la dirección en la que debemos buscar—dijo Chico Salvaje, así que los hermanos se prepararon y salieron hacia el este para encontrar a su padre.

Después de muchos días de caminata, los muchachos vieron a Kanati caminando adelante, con un pequeño perro en sus talones. Los chicos sabían con certeza que era Kanati porque el perrito era la rueda que habían rodado. Cuando encontró a Kanati, se convirtió en un perro y lo siguió a todas partes.

Los chicos corrieron hacia Kanati. Kanati se detuvo y los miró.

Luego dijo—: Son unos chicos muy malos. ¿Qué hacen aquí? ¿Por qué me están siguiendo?

—Somos hombres, y vamos donde nos place—respondieron los chicos.

—¿Piensan viajar conmigo?

—Sí.

—Muy bien. Pueden viajar conmigo. Pero tienen que ir a donde yo les guíe.

Los chicos estuvieron de acuerdo, y así los tres reanudaron su viaje. Después de un tiempo, llegaron al borde de un pantano.

—No entren ahí—dijo Kanati—. Hay algo muy peligroso que vive en ese pantano.

Kanati reanudó su viaje, pero los chicos se detuvieron un rato en el borde del pantano.

—Vamos a ver lo que hay ahí—dijo Chico Salvaje—. Apuesto a que no es ni la mitad de malo de lo que Padre dice que es.

Los chicos entraron en el pantano. No habían ido muy lejos cuando encontraron una pantera gigante, dormida. Los chicos cogieron sus arcos y dispararon muchas flechas a la pantera, pero no pudieron matarla, y la pantera no les prestó atención. Los chicos se rindieron y dejaron el pantano.

Alcanzaron a Kanati, que les dijo—: Bueno, ¿encontraron la cosa peligrosa?

—Lo hicimos. Pero no nos hizo ningún daño, porque somos hombres y no tenemos miedo.

Kanati se sorprendió con esta noticia, pero no dijo nada. En su lugar, reanudó su viaje, y los chicos lo siguieron.

Después de caminar más, Kanati se detuvo y señaló—. ¿Ven ese lugar de ahí? Es un lugar donde viven los caníbales. Deberían alejarse de allí porque si se acercan, los caníbales los atraparán y los comerán.

Por supuesto, en cuanto las palabras salieron de la boca de Kanati, los chicos quisieron ir a ver la aldea de los caníbales. Se dirigieron en la dirección que Kanati les había indicado, y en el camino se encontraron con un árbol que había sido alcanzado por un rayo.

—Coge algunas de esas astillas quemadas—le dijo Chico Salvaje a su hermano—. Serán útiles más tarde. Te diré qué hacer con ellas de camino a la aldea caníbal.

No pasó mucho tiempo antes de que los caníbales vieran a los dos chicos acercarse. Corrieron hacia los chicos, los capturaron y los llevaron de vuelta a su aldea.

—¡Vengan todos a ver qué chicos gordos y finos hemos atrapado!— dijo el jefe de los caníbales—. Esta noche, comemos bien. ¡Prepárense para el festín!

Los caníbales hicieron un gran fuego y pusieron un gran caldero lleno de agua sobre él. Cuando el agua estaba hirviendo, agarraron a Chico Salvaje, lo pusieron en la olla y le pusieron la tapa. Pero antes de que Chico Salvaje entrara en el agua, su hermano se arrodilló y puso en el fuego las astillas que había recogido del árbol. Luego los caníbales también pusieron al otro chico en la olla.

Después de un tiempo, el jefe de los caníbales dijo—: Creo que la carne ya debe estar lista. ¡Comamos!

Todos los caníbales se reunieron alrededor, con los platos listos para recibir su parte. El jefe quitó la tapa de la olla, pero en lugar de una cena bien cocida, había una gran bola de rayos dentro. Los rayos explotaron fuera de la olla y volaron por todas partes. Los rayos golpearon a todos los caníbales, y pronto estaban todos muertos. Entonces los rayos se juntaron, subieron y salieron del agujero de humo. Cuando desaparecieron los rayos, Chico Salvaje y su hermano estaban allí en medio del pueblo como si nada hubiera pasado.

Los chicos fueron a buscar a su padre, y pronto lo alcanzaron. Kanati se sorprendió mucho al verlos.

—¿Qué, todavía están vivos?—dijo.

—Por supuesto que sí—dijeron los chicos.

—¿No encontraron la aldea de los caníbales?

—Sí, lo hicimos, pero somos hombres, y no tenemos miedo, así que no nos hicieron daño.

Kanati no hizo más preguntas, sino que reanudó su viaje, y los chicos lo siguieron. Esta vez, sin embargo, Kanati comenzó a caminar muy rápido, y los chicos no pudieron seguirle el ritmo. Siguieron su rastro, que terminó en el lugar donde sale el sol, en el mismo borde del mundo. Allí los chicos encontraron a Kanati y Selu.

—Vengan y únanse a nosotros—dijo Selu—. Pueden descansar aquí un rato, pero no pueden quedarse. Este no es un lugar para ustedes. Su lugar está en el oeste, donde se pone el sol. Después de que hayan descansado, necesitan ir al borde occidental del mundo, que será su nuevo hogar.

Los chicos se quedaron con sus padres durante siete días, y luego partieron hacia el borde del mundo donde se pone el sol. Hablaron juntos mientras caminaban, y la gente de lejos escuchó sus conversaciones, que les sonaron como el estruendo de un trueno. Los chicos siguieron caminando hasta que llegaron al borde del mundo donde se pone el sol, y allí hicieron su hogar.

Ahora, después de que los chicos dejaran salir a todos los animales y pájaros del agujero de la montaña muchos años antes, la vida se volvió muy dura para la gente. Llegó un momento en que incluso los mejores cazadores volvieron a casa con las manos vacías, día tras día.

—Nos moriremos de hambre si esto sigue así mucho más tiempo—dijo la gente—. ¿Qué podemos hacer?

Un hombre sabio dijo—: Envíen a alguien al oeste a buscar a los Chicos Trueno. Ellos podrán ayudarnos.

Los mensajeros fueron a los Chicos Trueno para pedir ayuda. Los chicos aceptaron de inmediato y viajaron al lugar donde vivía la gente.

Cuando llegaron allí, le dijeron a la gente—: Llamaremos a los ciervos para ustedes. Tengan sus arcos listos.

Entonces los chicos entraron en la casa del pueblo, donde la gente tenía sus fiestas y sus consejos, y empezaron a cantar. Los chicos cantaron su primera canción, y un sonido como un viento rugiente vino del noroeste. Los chicos siguieron cantando, y el ruido se hizo más fuerte con cada canción. Justo cuando los chicos comenzaron su séptima canción, una manada entera de ciervos salió del bosque. La gente se preparó con sus arcos, como se les había dicho que hicieran, y pronto mataron muchos ciervos, suficientes para alimentar a la gente durante mucho tiempo.

Los muchachos entonces le dijeron a la gente—: Tenemos que volver a nuestro hogar. Una vez que lleguemos allí, no nos volverán a ver, pero antes de irnos, les enseñaremos nuestras canciones para que puedan llamar al ciervo ustedes mismos.

Los chicos enseñaron al pueblo las siete canciones, pero con el paso de los años, las canciones se olvidaron, todas menos dos, y estas son las canciones que los cazadores siguen cantando hoy en día cuando quieren atrapar ciervos.

Los Tlanuwa y los Uktena

Los Tlanuwa eran grandes aves de presa que vivieron hace mucho, mucho tiempo. Sus cuerpos eran tan largos como un hombre, y su envergadura era similar. Tenían picos afilados y largas garras, y volaban sobre la tierra todos los días buscando comida para ellos y sus crías. Los Tlanuwa no se preocupaban mucho por lo que comían. Se contentaban tanto con perros como con ciervos, y si no había otros animales disponibles, los Tlanuwa se lanzaban a recoger niños humanos y los llevaban a su nido para comer.

Los Tlanuwa hicieron su nido a lo largo del río Little Tennessee, en un alto acantilado donde había una cueva. El acantilado era escarpado hasta donde estaba la cueva, y la cueva estaba protegida desde arriba por un saliente rocoso que impedía a cualquiera bajar al nido. La gente anhelaba deshacerse de estas aves monstruosas, pero no importaba cómo lo intentaran, no podían. Muchos hombres valientes trataron de subir al acantilado, pero ninguno pudo llegar al nido. También intentaron esperar en la orilla del río, con sus arcos preparados. Dispararon flechas a los pájaros cuando salieron a cazar, pero no sirvió de nada: las flechas simplemente rebotaron en las plumas de los pájaros.

Finalmente, la gente acudió al más sabio curandero que conocían.

—Por favor, ayúdenos—dijeron—. Los Tlanuwa se han llevado a muchos de nuestros niños, y se están comiendo todos los ciervos. Pronto no tendremos ni hijos ni comida, y moriremos de hambre y tristeza.

—Conozco a los Tlanuwa—dijo el curandero—. Y creo que sé cómo tratarlos, pero necesitaré que algunos de ustedes me ayuden.

Varios de los hombres aceptaron ayudar, y el curandero empezó a trabajar para preparar el ataque al nido de los Tlanuwa. Primero, el curandero tomó tiras de corteza de lino e hizo una larga cuerda con ella. Al final de la cuerda, había lazos en los que podía meter los pies. Luego tomó una rama resistente y la talló en un bastón con un gancho en un extremo. Cuando la cuerda y el bastón estaban completos, el curandero y sus ayudantes subieron a la cima del acantilado, donde esperaron hasta que los pájaros adultos salieran a cazar.

Tan pronto como los pájaros adultos salieron de la cueva, el curandero les dijo a sus ayudantes que sujetaran la cuerda, y que lo bajaran lentamente, y que esperaran a que tirara de la cuerda para que supieran que estaba listo para volver a subir. El curandero puso sus pies en los lazos, y sus ayudantes lo bajaron lenta y cuidadosamente por el borde del saliente. Entonces el curandero comenzó a balancearse en la cuerda, de un lado a otro, hasta que pudo enganchar su bastón en parte de la pared de la cueva donde estaba el nido. Usando el bastón, se subió al saliente y se acercó al nido.

Dentro del nido había cuatro polluelos. Habían eclosionado solo hace unos días, y por lo tanto eran todavía bastante pequeños, solo tan grandes como un cervatillo. El curandero agarró a los polluelos uno por uno y los arrojó al río de abajo, donde fueron devorados por la Uktena, una gran serpiente que vivía en el agua. Tan pronto como la Uktena se tragó los polluelos, el curandero vio a los dos pájaros padres volando de vuelta al nido. Tiró de la cuerda, y sus ayudantes lo subieron justo a tiempo.

Los Tlanuwa se enfadaron mucho al encontrar su nido vacío. Salieron volando de la cueva y dieron vueltas en el aire por encima del río, gritando su rabia al cielo. En el río de abajo, la Uktena escuchó el ruido que hacían los Tlanuwa, así que sacó la cabeza del agua para ver qué estaba pasando. Los Tlanuwa vieron a la Uktena, e inmediatamente bajaron en picado y cogieron la gran serpiente con sus garras. Destruyeron la Uktena en el aire, y dondequiera que un trozo del cuerpo de la serpiente cayera, hizo un agujero en la roca. Esos agujeros todavía están ahí hoy en día.

Dos historias de transformaciones de serpientes

El Chico Serpiente

Una vez hubo un chico que era el mejor del pueblo en la caza de aves. Siempre que salía, volvía con muchas aves, que le regalaba a su abuela. Todos los demás en la aldea estaban celosos del chico, tanto de su habilidad como del hecho de que solo compartía su captura con su abuela. Los aldeanos lo trataron tan mal que decidió dejar su aldea para siempre.

La mañana en que el chico decidió comenzar su viaje, su abuela le preparó el desayuno, pero él no quiso comer.

—Hoy no puedo comer nada, abuela—dijo—porque voy a hacer un gran viaje, y necesito ayunar para estar lista para lo que pase. Pero no debes afligirte. Iré a un lugar seguro y estaré bien. Te quiero siempre.

El chico entonces salió al bosque, donde pasó el día.

Por la tarde, volvió con un par de cuernos de ciervo que había encontrado en el bosque. En lugar de ir a casa, entró en la casa de invierno, donde encontró a su abuela esperándole.

—Abuela, tengo que dormir solo aquí esta noche—dijo el chico.

La abuela estaba triste, pero dejó al niño solo como quería y se fue a dormir a otra casa de su familia.

Al amanecer, la abuela se levantó y fue a la casa de invierno donde había dormido su nieto. Se asomó por la puerta y vio una enorme serpiente, ¡con cuernos en la cabeza y dos piernas humanas!

—Abuela, no tengas miedo—dijo la serpiente—. Soy yo, tu nieto. Te ruego que te vayas ahora. Ya has visto demasiado.

La abuela se alejó de la puerta, pero vigiló la casa de invierno. Pasaron muchas horas. Cuando el sol estaba alto en el cielo, la puerta de la casa de invierno se abrió, y una gran uktena salió deslizándose. La uktena era tan grande que tardó una hora en salir completamente de la casa.

Después de que la uktena se fue, atravesó el pueblo, silbando mientras se iba. Todos los aldeanos se asustaron y huyeron, excepto la abuela, que sabía quién era realmente la uktena. La uktena se deslizó por el pueblo y bajó al río, donde se deslizó en el agua y desapareció. La gran serpiente era tan pesada que dejó un profundo canal en el suelo a lo largo del camino que había tomado.

La abuela estaba desconsolada porque su nieto se había convertido en una uktena y se había ido a vivir al río. Estuvo de luto durante mucho tiempo, y finalmente, el resto de la familia se impacientó con su tristeza.

—Viste a dónde fue él—dijeron—. Si lo extrañas tanto, ¿por qué no te lanzas al río y te unes a él?

—Muy bien—dijo la abuela.

Dejó el pueblo, siguiendo la pista que la serpiente había hecho con su cuerpo. Llegó a la orilla del río, pero nunca dejó de caminar. Caminó hacia el agua y siguió caminando hasta que desapareció en las aguas profundas.

Esa no fue la última vez que la gente vio a la abuela. Un día, un pescador estaba echando su red en la orilla del río, y casualmente miró hacia una gran roca que se elevaba del agua un poco más abajo. Allí vio a la abuela, mirando como siempre lo hacía, sentada en la roca al sol. Tan pronto como la abuela notó que el pescador la miraba, saltó al agua y se fue.

El Hombre Serpiente

Dos cazadores dejaron su pueblo temprano en la mañana para ver si podían encontrar alguna presa para llevar a casa. Siguieron muchas pistas y se movieron en silencio, pero no importaba a donde fueran, no encontraron nada más que ardillas.

—Tengo hambre, —dijo un cazador— y juro que esas ardillas se están burlando de mí. Voy a atrapar algunas de ellas y tener un buen festín esta noche.

—¡No lo hagas!—dijo su compañero—. Sabes que está prohibido comer ardillas. Algo terrible te pasará si lo haces.

—No va a pasar nada. Es solo un cuento que inventaron para asustar a los niños. Voy a limpiar a estas ardillas y asarlas, y luego me las voy a comer. Hay suficiente para los dos si quieres unirte a mí.

—No, gracias. A veces los cuentos que se inventan para asustar a los niños, en realidad significan lo que dicen. Prefiero pasar hambre que averiguar qué pasaría si me comiera una ardilla.

El cazador se rió—. Está bien. Como quieras.

El cazador procedió a limpiar y cocinar las ardillas, que comió con hambre. Mientras tanto, su compañero se acostó y se preparó para dormir. Le dio la espalda a su amigo para no caer en la tentación de comerse también las ardillas. Era difícil resistirse porque la carne chisporroteaba y olía muy bien, pero el compañero se mantuvo firme y finalmente se durmió, aunque su estómago retumbaba de hambre.

En medio de la noche, el compañero fue despertado por el sonido de un gemido agonizante. Abrió los ojos y se sentó, y al otro lado del fuego, vio a su amigo, retorciéndose y gimiendo en agonía. Pero eso no era todo: las piernas del cazador ya se habían pegado y estaban cubiertas de escamas de color verde brillante. ¡Se estaba convirtiendo en una serpiente gigante!

El compañero vio con horror como su amigo se convertía lentamente en una serpiente gigante. No había nada que pudiera hacer para ayudar, y pronto la transformación se completó. En el lugar del cazador, había una gran serpiente de agua. La serpiente miró una vez al compañero y luego se deslizó hacia el río. No se lo volvió a ver nunca más.

La Hija del Sol

Como todo el mundo sabe, el Sol vive al otro lado de la bóveda del cielo, pero su hija vive debajo de ella, justo en el medio. Cada día, el Sol sube a la gran bóveda del cielo, empezando por el este, y luego baja por el otro lado y se va a dormir al oeste. Cuando llega a la mitad del cielo, le gusta detenerse y visitar a su hija, y comparten una comida.

El Sol amaba mucho a su hija, pero no le gustaba tanto la gente que vivía en la tierra.

Un día, no pudo soportarlo más, así que se quejó a la Luna—: Esa gente es tan fea. Cada vez que me miran, se arrugan la cara y entrecierran los ojos. Ninguno de ellos se molesta en mirarme correctamente. Es terriblemente ingrato, considerando todo lo que hago por ellos.

—No sé de qué estás hablando—dijo la Luna—. Cada vez que me miran, sonríen. Encuentro a la gente muy agradable.

Al oír que la Luna recibía tales reacciones de la gente, los celos del Sol se hicieron más fuertes. Finalmente, decidió que la mejor manera de resolver el problema sería matar a toda la gente. Cada día, al acercarse a la casa de su hija, enviaba rayos que llevaban fiebre. Pronto toda la gente estaba muy enferma, y muchos de ellos murieron. Pero aun así, el Sol no se detuvo; quería seguir enviando los rayos hasta que la última persona muriera.

La gente estaba muy preocupada.

—Todos en nuestra aldea han perdido a un ser querido—dijeron—y cada día hay más gente que se enferma. Si esto sigue así, pronto no habrá más gente.

La gente no sabía qué hacer. No tenían poder para detener al Sol. Celebraron un consejo, y se decidió que irían y pedirían ayuda a los Pequeños Hombres. Los Pequeños Hombres tenían poderes mágicos, y estaban en términos amistosos con la gente.

Cuando los Pequeños Hombres escucharon lo que el Sol estaba haciendo, dijeron—: Oh, cielos. Solo hay una manera de salvarse. Tendrán que matar al Sol.

—No sabemos cómo hacerlo—dijo la gente—. Ni siquiera sabemos cómo llegar a su casa.

—No se preocupen. Sabemos qué hacer. Envíenos dos de sus más valientes guerreros mañana por la mañana, y resolveremos su problema.

Por la mañana, los dos guerreros más valientes fueron a ver a los Pequeños Hombres. Los Pequeños Hombres convirtieron a los hombres en serpientes. Uno se convirtió en una serpiente de nariz de cerdo, mientras que el otro se convirtió en una cabeza de cobre.

—Vayan a la casa donde vive la hija del Sol—dijeron los Pequeños Hombres—. El Sol va allí a comer todos los días al mediodía. Si esperan al lado de la puerta, pueden morderle cuando llegue. Entonces él morirá, y ustedes se librarán de la fiebre.

Las dos serpientes se deslizaron hacia el cielo y esperaron cerca de la casa de la hija del Sol. Al mediodía, el Sol llegó. La serpiente de nariz de cerdo fue la primera en atacar, pero la luz del Sol era tan brillante que se quedó ciego. Todo lo que podía hacer era caer de espaldas y escupir baba maloliente.

El Sol vio la serpiente y olió la baba.

—Oh, eres asqueroso—dijo y la apartó de la puerta con el dedo del pie.

La serpiente cabeza de cobre estaba tan asustado por lo que le había pasado a la serpiente de nariz de cerdo que se deslizó de vuelta a casa sin siquiera intentar morderla. La serpiente de nariz de cerdo le siguió más tarde, cuando despertó de su desmayo.

Los dos hombres fueron a visitar a los Pequeños Hombres al día siguiente. Explicaron lo que había sucedido.

—El Sol era demasiado poderoso—dijeron—. Ni siquiera pudimos acercarnos a él. Conviértanos en otra clase de serpiente, una que puede acercarse al Sol.

Esta vez, los Pequeños Hombres cambiaron a un hombre en una uktena, y al otro en una serpiente de cascabel. Las dos serpientes se deslizaron de vuelta a la casa de la hija del Sol y esperaron al Sol. Al acercarse el mediodía, las dos serpientes se pusieron muy ansiosas. La serpiente de cascabel se enroscó para atacar.

—No voy a fallar esta vez—dijo—. Soy tan rápida que el Sol ni siquiera sabrá qué lo golpeó.

De repente, la hija del Sol abrió la puerta de su casa y salió para ver si su padre venía. La serpiente de cascabel estaba tan nerviosa que ni siquiera pensó en asegurarse a quién estaba mordiendo. Golpeó tan rápido como un rayo, y después de solo unos minutos, la hija del Sol estaba muerta.

—¡Mira lo que has hecho!—dijo la uktena—. Se suponía que debíamos matar al Sol, no a esta joven. ¿Qué vamos a hacer ahora?

La serpiente de cascabel estaba tan avergonzada de su error que ni siquiera pudo responder. Se deslizó de vuelta a casa y les pidió a los Pequeños Hombres que lo convirtieran de nuevo en un hombre. La uktena también se fue a casa; no quiso que lo atraparan cerca de la casa cuando el Sol se enterara de que su hija había sido asesinada por la mordedura de una serpiente.

El Sol finalmente llegó a la casa de su hija. Allí en el umbral yacía el cuerpo de la joven. El Sol trató de revivirla, pero era demasiado tarde. Su hija estaba muerta. El Sol entró en la casa de su hija y cerró la puerta. El mundo se oscureció instantáneamente, y permaneció oscuro porque el Sol no salía. En cambio, se quedó dentro de la casa, llorando por su hija muerta.

Ahora la gente tenía un problema diferente que resolver. La fiebre había desaparecido, pero si el mundo permanecía a oscuras, las plantas y los animales empezarían a morir. Pronto no habría comida. Así que la gente fue a la Gente Pequeña y pidió ayuda de nuevo.

—Ya que ustedes son los que mataron a la hija del Sol, deben ser los que la traigan de vuelta—dijeron los Pequeños Hombres—. Necesitan enviar siete hombres al País de los Fantasmas para encontrar a la hija del Sol y llevarla a casa con su padre.

El pueblo eligió a siete valientes hombres para ir al País de los Fantasmas. Los Pequeños Hombres le dieron a cada hombre una vara hecha de madera agria. También les dieron a los siete hombres una caja grande.

—Esto es lo que deben hacer—dijeron los Pequeños Hombres—. Cuando lleguen al País de los Fantasmas, verán que los fantasmas están bailando. La hija del Sol estará allí, y ella también bailará. Cuando el círculo de baile llegue a donde ustedes están, deben golpear a la hija del Sol con sus barras de madera agria hasta que caiga. Entonces deben recogerla y ponerla en la caja. Cierren bien la tapa y llévenla de vuelta con su padre. Pero recuerden: no deben levantar la tapa hasta que lleguen a la casa donde está el Sol, o la joven se perderá para siempre.

Los hombres prometieron seguir las instrucciones cuidadosamente y partieron hacia el País de los Fantasmas.

Cuando llegaron, descubrieron que los fantasmas estaban bailando, tal como los Pequeños Hombres dijeron que harían. Los hombres observaron la danza por un rato, y cuando divisaron a la hija del Sol entre los bailarines, se prepararon para golpearla. Cada vez que ella pasaba por delante de uno de los hombres, la golpeaban con sus varas, y pronto cayó al suelo. Los hombres corrieron hacia ella, la recogieron y la metieron en la caja. Los hombres recogieron la caja y comenzaron el largo camino de regreso a la casa de la hija del Sol, donde el Sol todavía estaba sentado apenado y se negaba a brillar.

Mientras los hombres caminaban llevando la caja, la hija del Sol se despertó. Después de descubrir que había sido encerrada dentro de una caja, no pudo abrir la tapa.

La golpeó con el puño y gritó—: ¡Déjenme salir! ¡Por favor, déjenme salir!

Los hombres se negaron a escuchar y siguieron caminando.

Durante el resto del viaje, la hija del Sol rogó a los hombres que la dejaran salir.

—¡Por favor, déjenme salir! No puedo respirar aquí. O si no me dejan salir, por lo menos abran la tapa un poco para que entre aire fresco.

Mientras los hombres ya estaban cerca a la casa de la hija del Sol, las súplicas de la joven se volvieron tan lamentables que cedieron.

—Seguramente no hará daño abrir la caja solo una rendija— dijeron—. Estamos tan cerca de su casa, y ella está tan angustiada.

Los hombres bajaron la caja y levantaron la tapa solo una pequeña rendija. Escucharon un sonido de aleteo desde el interior de la caja. Algo salió volando de la caja y se metió en los arbustos. Los hombres no pudieron ver lo que era, pero escucharon el sonido de un pájaro rojo piando desde los arbustos.

Los hombres recogieron la caja y continuaron su viaje, pero cuando llegaron a la casa y abrieron la caja, estaba vacía. El alma de la hija del Sol se había convertido en un pájaro rojo y se fue volando cuando los hombres abrieron la caja. Esto era un desastre no solo para el Sol, sino también para toda la gente, porque si los hombres hubieran seguido las instrucciones y mantenido la caja cerrada, habría sido posible para nosotros visitar el País de los Fantasmas y traer a nuestros seres queridos de vuelta a la vida. Pero como abrieron la caja demasiado pronto, cuando alguien muere, se va para siempre.

Los hombres se detuvieron en la casa de la hija del Sol, camino al País de los Fantasmas, para que el Sol supiera que iban a intentar recuperar a su hija. El Sol se alegró mucho cuando escuchó la noticia y esperó con gran emoción la posibilidad de volver a ver a su hija. Pero cuando los hombres abrieron la caja y la encontraron vacía, el Sol comenzó a llorar y a llorar grandes lágrimas. Lloró tanto que la tierra se inundó y la gente comenzó a ahogarse.

Así que la gente decidió enviar a sus más bellos jóvenes a cantar y bailar para el Sol, esperando que la música y el baile la animaran para que dejara de llorar y volviera a brillar. Los jóvenes cantaron y bailaron de la mejor manera que sabían, pero nada de lo que hacían parecía marcar la diferencia. Finalmente, el tamborilero comenzó a tocar de una manera diferente, y el Sol dejó de llorar. Miró a los bailarines y escuchó la canción.

Miró el baile un rato, y luego sonrió, olvidando su dolor.

El Juego de Pelota de los Pájaros y los Animales

Llegó un momento en que los animales desafiaron a los pájaros a un juego de pelota.

—Esto demostrará que somos mejores que los pájaros—dijeron los animales—. No hay forma de que criaturas tan pequeñas puedan enfrentarse a nosotros. De todos modos, son prácticamente la mitad plumas y ningún músculo en absoluto. Ganarles será fácil.

Los pájaros aceptaron el desafío, y se decidió un lugar y una fecha para el juego de pelota entre Oso, que era el capitán del equipo de animales, y Águila, que era el capitán de los pájaros.

Todos los animales y las aves estaban muy entusiasmados con el juego. Oso se jactaba de su gran fuerza.

—¿Ven cómo puedo levantar estos grandes troncos como si no pesasen nada?—dijo—. Si puedo hacer eso, entonces cualquier pájaro que trate de interponerse en mi camino será arrojado a un lado de la misma manera.

Tortuga dijo—: Tengo un caparazón duro. Nadie va a ser capaz de detenerme. Cualquier golpe que den rebotará y no me hará ningún daño.

—Soy más rápido que cualquier otra criatura—dijo Ciervo—. Solo denme la pelota, y correré directo a la meta de los pájaros. Nadie podrá atraparme.

Dos ratoncitos oyeron hablar del juego y quisieron jugar también. Fueron a visitar a Oso para ver si podían unirse a su equipo.

Cuando Oso vio a las dos pequeñas criaturas, rugió de risa—. ¿Ustedes? ¿Jugar el juego de pelota con nosotros? No, ciertamente. Les pisotearían y no nos servirían de nada. Solo tienen que mirar desde un costado y ver cómo los animales de verdad juegan a la pelota.

Los animales no pensaban mucho en el equipo de los pájaros, pero los pájaros tenían al Águila de su lado. También tenían al Halcón y al gran Tlanuwa. Estas aves eran muy fuertes y podían volar muy alto y rápido. Habían oído a Oso y a los otros animales presumir, pero no le prestaron atención. Los pájaros se callaron, pensando que los hechos eran mejores que las palabras y que los animales pronto se arrepentirían de haber sido tan jactanciosos.

El día del juego, los pájaros y los animales se reunieron en el campo que había sido elegido para el juego. Mientras Águila reunía a sus jugadores para darles un último aliento antes de que empezara el juego, de repente oyó una voz muy pequeña que venía de la hierba alrededor de sus pies.

—Disculpe—dijo la voz—. A nosotros también nos gustaría jugar a la pelota. ¿Podemos estar en su equipo?

El águila miró hacia abajo y vio dos ratoncitos—. ¿Por qué no van y le preguntan al capitán de los animales? Después de todo, ambos son animales, y ninguno de los dos tiene alas para volar.

—Le preguntamos al capitán de los animales—dijo uno de los ratones—. Y fue muy grosero con nosotros. No nos deja jugar.

—Oh, es una pena. Veamos si podemos encontrar una manera de conseguirles unas alas, y podrían jugar para nuestro lado.

Águila y su equipo fueron a buscar cosas para hacer alas para los ratones.

—¡Oye, mira lo que encontré!—dijo Halcón—. Aquí está la piel del tambor que usamos en el baile de anoche. Podemos hacer alas con esto.

Águila y Halcón trabajaron juntos para hacer alas con la piel y algunos bastones que encontraron. Lo ataron a las patas del primer ratón, y así es como se hizo el primer murciélago.

—Listo, vuela y prueba tus alas—dijo Águila—. Te lanzaré la pelota, y veremos lo bien que puedes jugar.

Murciélago (pues es lo que ahora debemos llamar al primer ratón) voló por el aire, y Águila le lanzó la pelota. Murciélago la atrapó fácilmente, y por más que los otros pájaros trataran de hacer que la dejara caer, la sostuvo rápidamente.

Águila estaba muy impresionada—. Eres muy bueno, aunque es la primera vez que juegas como murciélago. Creo que nos alegraremos de que estés en nuestro equipo.

—¿Qué vamos a hacer con el otro ratón?—dijo Halcón—. No queda suficiente piel para hacerle unas alas.

—¿Y si lo estiramos un poco?—dijo Martín—. Lo alargaremos y estiraremos la piel entre sus patas. Entonces él también tendrá alas.

El segundo ratón estuvo de acuerdo, y así cuatro grandes pájaros tomaron cada uno una de las patas del ratón en su pico y tiraron y tiraron hasta que el segundo ratón estaba bastante estirado, y se había creado una buena cantidad de piel suave y fina en sus costados. Así es como se hizo la ardilla voladora.

—¿Qué tal si pruebas tus alas ahora?—dijo Águila, y así Ardilla Voladora (porque es lo que ahora debemos llamar al segundo ratón) subió por el tronco de un árbol. El águila lanzó la pelota al aire. Ardilla Voladora saltó de la rama y agarró la pelota en su boca, pero en vez de deslizarse al suelo, se deslizó a una rama alta de un árbol vecino.

—Tú también eres muy bueno—dijo Águila—. Me alegro de que hayan pedido estar en nuestro equipo.

Cuando ambos equipos estuvieron listos para jugar, se dio la señal y comenzó el juego. Los animales tuvieron la pelota primero, pero no la mantuvieron por mucho tiempo. Oso se dirigió hacia el árbol donde Ardilla Voladora estaba esperando y le lanzó la pelota a Ciervo. Pero Ciervo nunca la atrapó, porque Ardilla Voladora se deslizó hacia abajo y agarró la pelota con sus pequeños dientes. Luego Ardilla Voladora lanzó la pelota a Halcón, y así los pájaros la lanzaron de un lado a otro entre sus jugadores. Esto continuó durante algún tiempo hasta que uno de los pájaros dejó caer la pelota.

—¡Ajá!—dijo Oso—. ¡Una vez que recuperemos la pelota, no la volverán a sostener!

Pero Oso nunca tocó la pelota, porque Martín se lanzó y la atrapó. Entonces Martín lanzó la pelota a Murciélago, quien la atrapó y comenzó a volar hacia la meta. Aunque Murciélago volaba cerca del suelo, ninguno de los animales pudo tocarlo, porque esquivó y revoloteó de un lado a otro tan rápido que ni siquiera Ciervo pudo atraparlo.

Finalmente, Murciélago se acercó a la meta y lanzó la pelota, ganando el juego para los pájaros.

Así, Oso, Ciervo y Tortuga volvieron a casa muy avergonzados porque, a pesar de toda su fanfarronería, ni siquiera habían tocado el balón durante todo el juego. Los pájaros alabaron a Martín por su velocidad y rapidez de pensamiento y le dieron una calabaza en la que podía vivir como premio por salvar el juego para ellos. Es por eso que los Martín pescador viven en pequeñas casas aún hoy en día.

Cómo la enfermedad y la medicina llegaron a ser

Cuando el mundo era nuevo, y todo acababa de ser creado, todas las plantas, pájaros y animales podían hablar, como la gente, y la gente vivía pacíficamente junto a todas las demás criaturas. Pero la gente tenía muchos hijos, y pronto hubo tanta gente que se hizo difícil para ellos encontrar suficiente comida. Miraron a su alrededor y vieron que muchos pájaros, animales y peces parecían ser buenos para comer. Además, su piel, plumas y cueros serían útiles para la ropa, para hacer tambores y otras cosas. Así que el pueblo inventó arcos y flechas, cuchillos y lanzas, redes y anzuelos para peces. Se dedicaron a la caza de aves y animales y a la pesca en los ríos y lagos. Pronto, la gente tenía mucho que comer, y abundantes pieles, plumas y cueros. Sin embargo, las aves, los animales y los peces estaban muy asustados y enojados por ser cazados y asesinados todos los días.

Un día, los osos decidieron tener un consejo para decidir qué hacer con la amenaza que representaba el pueblo. Cuando llegó el momento del consejo, se reunieron en la casa del pueblo al pie de la Montaña Kuwahi, la Plaza de la Morera. El viejo Oso Blanco era el más viejo y sabio de los animales, así que dirigió el consejo. Un oso sugirió que le hicieran la guerra a la gente, para que dejaran de cazar.

Todos los demás osos estuvieron de acuerdo en que era el mejor plan, así que empezaron a discutir cómo hacerlo.

Un oso se levantó y dijo—: La gente tiene arcos y flechas, y esos funcionan muy bien para matarnos, así que hagamos nuestros propios arcos y flechas y usémoslos para cazar gente.

—Muy bien—dijo Oso Blanco—. Podemos intentarlo. Hagan un arco y algunas flechas, y lo usaremos.

Uno de los osos fue al bosque y encontró un árbol joven para el arco. Otro oso permitió que lo mataran para que sus tripas pudieran ser usadas para hacer la cuerda del arco. El oso que había propuesto el arco y las flechas fue el primero en probar el arma. El oso cogió el arco y colocó una flecha en la cuerda. Tiró de la cuerda y soltó la flecha, pero sus largas garras se interpusieron y el disparo no se acercó al objetivo.

—Deberías recortar tus garras—dijeron los otros osos, así que ayudaron al oso arquero a recortar sus garras, y luego el oso intentó otro tiro.

Esta vez la flecha dio en el centro del blanco.

—¡Oh, esto es maravilloso!—dijo un oso—. Podemos hacer muchos arcos y flechas e ir a cazar a la gente. Entonces nos dejarán en paz.

—Sí, podrían dejarnos en paz, —dijo Oso Blanco— ¿pero qué haremos los osos para comer? Tenemos que trepar a los árboles para encontrar cosas buenas para comer, y no podemos ir por ahí matando a la mitad de nuestra gente para usar sus tripas como cuerdas de arco. Alguien más tendrá que encontrar una solución.

Todos los osos se fueron a casa.

Los ciervos vinieron a la casa del pueblo de al lado para su consejo. Su jefe se llamaba Pequeño Ciervo.

—¿Qué haremos con la gente que nos caza y usa nuestra carne como alimento y nuestra piel como ropa?—preguntó.

—Tengo una idea—dijo uno de los ciervos—. Deberíamos decirle a la gente que sus cazadores tienen que pedirnos perdón cada vez que matan a uno de nosotros. De lo contrario, les daremos reumatismo.

Pequeño Ciervo y los demás estuvieron de acuerdo en que era una buena solución, así que enviaron mensajeros a los asentamientos donde vivía la gente.

Los mensajeros le dijeron a la gente—: Cuando nos cacen, el cazador debe pedir perdón al animal que mató. Cada vez que un ciervo es asesinado, nuestro jefe, Pequeño Ciervo, estará allí. Pequeño Ciervo es más veloz que el viento, y ninguna flecha o lanza puede tocarlo. Le preguntará al ciervo asesinado si el cazador pidió perdón. Si el ciervo dice que sí, el ciervo se irá sin hacer nada. Pero si el ciervo dice «No», el ciervo seguirá al cazador a su casa y le dará reumatismo, y pronto el cazador no podrá caminar más. Tendrá dolores todo el tiempo.

Las siguientes criaturas en celebrar un consejo fueron las serpientes y los peces. Decidieron enviarle a la gente pesadillas sobre cosas viscosas y pescado podrido.

—De esa manera, nunca querrán comernos, porque les daremos asco—dijeron las serpientes y los peces—. Y a veces, los sueños serán tan malos que la gente se enfermará y morirá.

Cuando las serpientes y los peces terminaron con su consejo, los pájaros, insectos y otros pequeños animales tuvieron el suyo. Las ranas se quejaron de que la gente las llamaba feas y las pateaba, lo que hacía que sus espaldas se mancharan. Los pájaros se quejaban de que la gente les disparaba con flechas y luego les arrancaban las plumas y las asaban en el fuego.

Entonces, la ardilla habló—. No creo que la gente sea tan mala. Al menos no nos molestan a mi gente ni a mí.

Esto hizo que los otros animales se enfadaran tanto que cortaron a la ardilla con sus garras, y es por eso que las ardillas tienen rayas en sus espaldas.

Para cuando el consejo terminó, los pájaros, insectos y pequeños animales habían decidido crear muchas enfermedades diferentes y enviarlas a la gente para enfermarlos. Algunas de las enfermedades podían matar.

Durante todo este tiempo, las plantas habían estado escuchando a los consejos de animales en la casa del pueblo.

—No podemos dejar que la gente muera. Son nuestros amigos— dijeron las plantas—. Dejaremos que la gente tome nuestras hojas, corteza y flores para usarlas como medicina, para que no mueran de estas horribles enfermedades.

Así, las enfermedades y la medicina llegaron al mundo.

Aunque las plantas se ofrecen gustosamente como medicina, ya no pueden hablar, así que tenemos que averiguar qué propósito tienen nosotros solos. Los curanderos de las tribus pueden descubrir estos propósitos porque saben cómo escuchar a los espíritus de las plantas, que les dicen qué usar para la medicina.

Vea más libros escritos por Matt Clayton

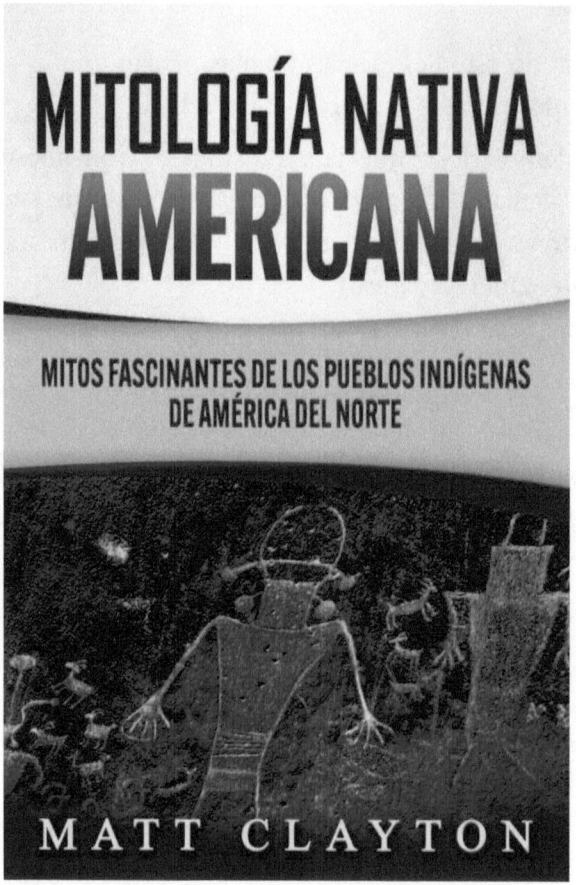

Bibliografía

Bastian, Dawn Elaine, and Judy K. Mitchell. *Handbook of Native American Mythology*. Santa Barbara: ABC-CLIO, 2004.

Berk, Ari, and Carolyn Dunn. *Coyote Speaks: Wonders of the Native American World*. New York: Harry N. Abrams, Inc., 2008.

Brown, Virginia Pounds, and Laurella Owens. *Southern Indian Myths and Legends*. Birmingham: Beechwood Books, 1985.

Cheroqui Nation, "History." Accessed 21 September 2020. https://www.cheroqui.org/about-the-nation/history/.

Dale, Edward Everett. *Tales of the Tepee*. Boston: D. C. Heath & Co., [1920].

Judson, Katharine B. *Native American Legends of the Great Lakes and Mississippi Valley*. Dekalb: Northern Illinois University Press, 2000.

Lankford, George, ed. *Native American Legends: Southeastern Legends: Tales from the Natchez, Caddo, Biloxi, Chickasaw, and Other Nations*. Little Rock: August House, 1987.

Mooney, James. *Myths of the Cheroqui*. Washington, DC: Government Printing Office, 1902.

Morris, Cora. *Stories from Mythology: North American*. Boston: Marshall Jones Company, 1924.

Pijoan, Teresa. *White Wolf Woman: Native American Transformation Myths*. Little Rock: August House Publishers, Inc., 1992.

Taylor, Colin, ed. *Native American Myths and Legends*. London: Salamander Books, Ltd., 1994.

Young, Richard, and Judy Dockrey, eds. *Race with Buffalo and Other Native American Stories for Young Readers*. Little Rock: August House Publishers, Inc., 1994.

www.ingramcontent.com/pod-product-compliance
Lightning Source LLC
Chambersburg PA
CBHW052101280426
43673CB00071B/81